SuperStars

Erik der Rote

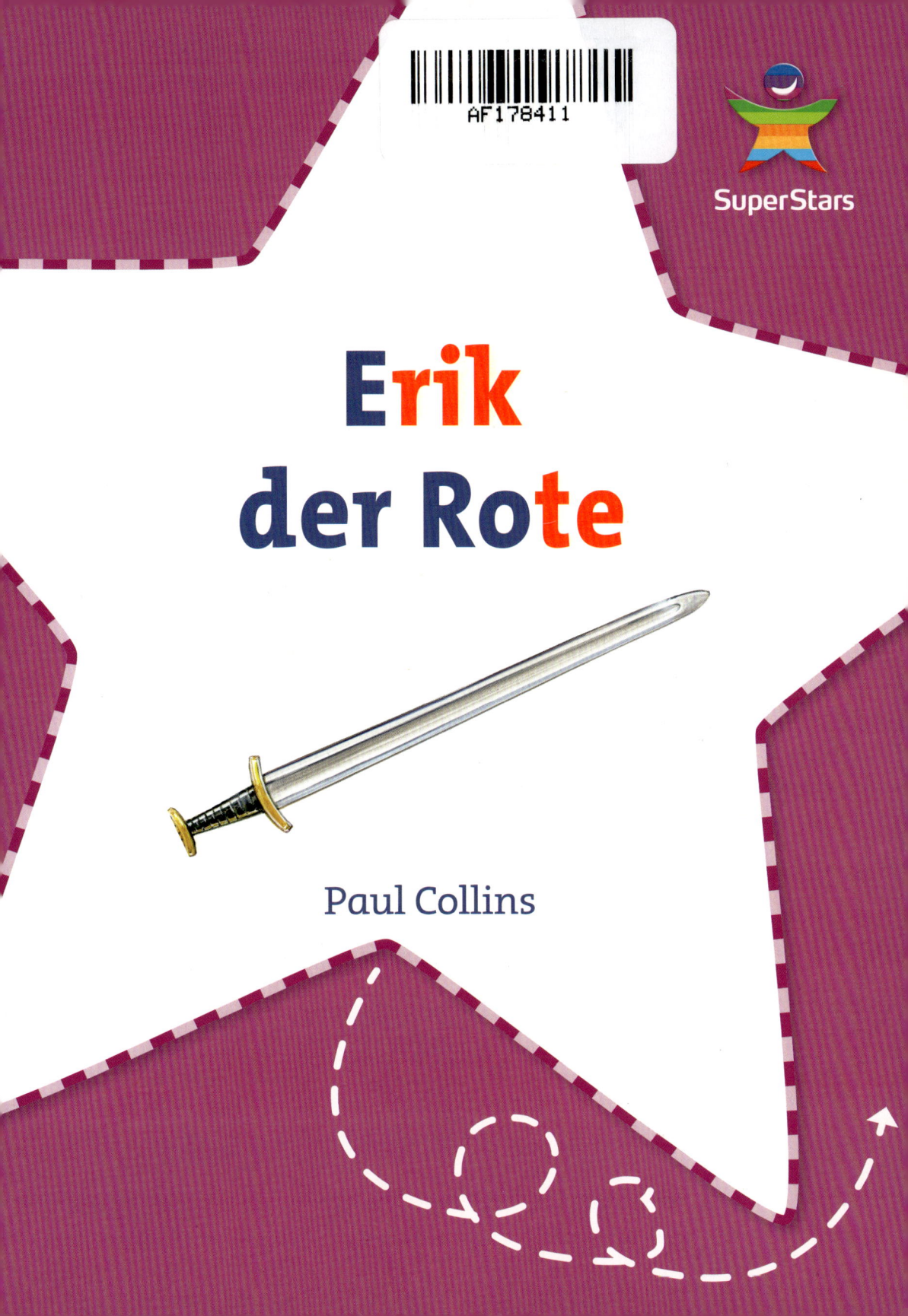

Paul Collins

Inhalt

Die **fett** gedruckten Wörter werden auf Seite 31 erklärt.

Der Wikinger Erik Thorvaldsson war bekannt als Erik der Rote. Die Wikinger kamen ursprünglich aus den skandinavischen Ländern Norwegen, Dänemark und Schweden. Vieles, das wir über sie wissen, stammt aus Überlieferungen christlicher **Mönche**.

Wikinger, die zur See fuhren, waren nicht immer darauf aus, zu stehlen oder zu töten. Viele waren Händler, die Waren **tauschten**. Die Wikinger, die zu Hause blieben, waren Bauern, Fischer und Handwerker. Andere, wie Erik, waren Entdecker.

Könnte Erik der Rote auf einem seiner Raubzüge so ausgesehen haben?

3

Über Erik

Erik der Rote wurde um das Jahr 950 geboren. Schulen gab es damals noch nicht, deshalb lernte Erik – wie die meisten Menschen – nie lesen oder schreiben.

Tatsächlich schrieben die Wikinger ihre Geschichten nicht in Bücher. Dass es Erik gab, wissen wir, weil die Wikinger sein Leben und seine Taten unter dem Titel „Die Sage von Erik dem Roten" mündlich überlieferten.

Solche langen Geschichten wurden von Geschichtenerzählern vorgetragen und von Mund zu Mund, von Generation zu Generation weitergegeben. Aufgeschrieben wurde Erichs Sage erst im 14. und 15. Jahrhundert.

Runen

Das Wikinger-Alphabet wurde im späten 2. Jahrhundert n. Chr. erfunden. Ursprünglich bestand es aus 24 Zeichen, die Runen genannt wurden. Mit den Jahren jedoch wurden daraus 16. Die Runen wurden in Holz, Knochen und Stein geschnitzt.

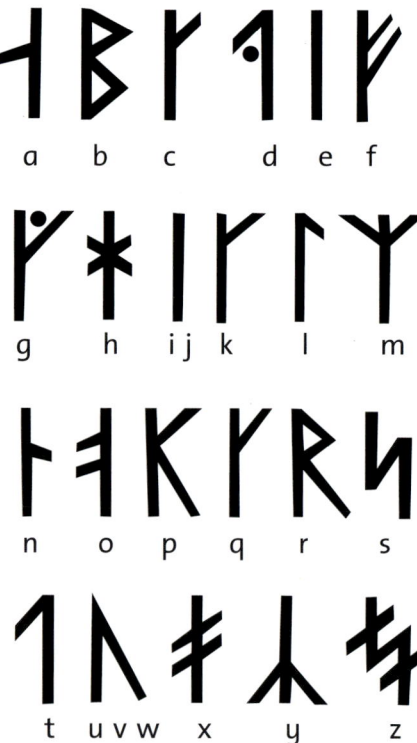

a b c d e f
g h i j k l m
n o p q r s
t u v w x y z

Runen bestanden aus geraden Linien.

Wikingersagen wurden normalerweise in langen kalten Nächten erzählt, in denen viel gegessen und getrunken wurde. Der Glaube und die Gebräuche wurden in Gedichten und Liedern festgehalten.

Bebilderte Steintafeln

Von Heldentaten wissen wir auch aufgrund von bebilderten Steintafeln. Diese erzählen ihre Geschichten mithilfe von eingeritzten Runen und Bildern. Sie wurden an öffentlichen Plätzen aufgestellt.

Räuberische Wikinger

Wie viele andere junge Männer lehrte man Erik die Fertigkeiten, die er im Leben brauchen würde: Scheunen bauen, jagen und fischen und wie man Vieh und Schafe hütet. Am meisten lernte er, ein Schiff zu segeln und zu kämpfen.

Das erste Mal tauchten die Wikinger 793 in England auf. Sie überfielen die Kirche ‚St. Cuthbert', Teil eines berühmten **Klosters** auf der Insel „Lindisfarne" vor der Küste von ‚Northumberland'. Die Überfälle auf England, Frankreich und die baltischen Staaten setzten sich von da an 300 Jahre lang fort.

Ein angreifender Wikinger war ein erschreckender Anblick. Kirchen, Klöster und Küstenstädte waren eine leichte Beute für die Wikinger. Junge Männer, Frauen und Kinder wurden geraubt und als Sklaven verkauft.

Einige Könige waren so wehrlos, dass sie die Wikinger bestachen, damit sie kampflos wieder abzogen. Diese Bezahlung nannte man später Danegeld. Eine Bezahlung an die Dänen betrug 37 420 kg in Silber!

Mit der Zeit wurden die Wikinger immer stärker und schlossen sich zusammen. Anstatt mit nur einem oder zwei Schiffen auf Raubzüge zu gehen, griffen sie mit ganzen Flotten an.

Die Übergabe von Danegeld gewährleistete die Sicherheit einer Gemeinde – wenn auch nur für eine gewisse Zeit!

Fort von zu Hause

Als Erik 15 war, waren seine Landsmänner ziemlich kampfeslustig und stritten häufig. Eriks Vater tötete einige Männer. Deshalb forderte man seine Familie auf, Norwegen zu verlassen.

Die Familie ließ sich in Drangar auf Island nieder. Nach dem Tod seines Vaters heiratete Erik Thjodhild.

Man nannte Erik „den Roten" aufgrund seines feurigen Temperaments und seines roten Haares und Bartes. Es dauerte nicht lange, da tötete er ebenfalls einige Nachbarn. Erik musste ins **Exil** fliehen. Denn die Menschen, denen er Unrecht zugefügt hatte, durften ihn als Geächteten töten. Eines Sommerabends im Jahre 982 setzte er zusammen mit 30 seiner treuesten Männer Segel in Richtung Westen.

Erik und Thjodhild hatten eine Tochter – Freydis – und drei Söhne – Leif, Thorvald und Thorstein.

Wikinger auf Raubzügen segelten mit Schiffen, die man Langschiffe oder Drachenboote nannte.

Island wurde 870 entdeckt. Bei gutem Wetter brauchte man nur sieben Tage, um von Norwegen nach Island zu gelangen.

Nicht immer gelangten die Wikinger ans Ziel ihrer Reise. Viele Schiffe gingen in Stürmen unter.

Wikinger-Entdecker

Neufundland

Auch andere Wikinger waren auf Achse. Mit ihren Langschiffen segelten sie durch die unerforschten Gewässer des Nordatlantiks. Zu dieser Zeit glaubte man, dass die Erde wie ein Pfannkuchen flach und rund sei. Und bis zum Horizont zu segeln, bedeutete den Tod.

Es gab Wikinger, die ihre Heimat verließen, weil Ackerland knapp war. Manche flohen vor tyrannischen Königen oder Feinden, andere – wie Erik – hatten einen unstillbaren Durst nach Abenteuern.

Während ihrer Fahrten entdeckten die Wikinger die Färöer Inseln, Island, Grönland und „Weinland"– heute bekannt als Amerika.

Welchen Weg auch immer

Weil Heck und Bug genau gleich gebaut waren, mussten Langschiffe nicht gewendet werden. Die Wikinger ruderten einfach in die entgegengesetzte Richtung.

Lange Fahrten unternahmen die Wikinger in breiten, hochbordigen Handelsschiffen, die man Knorrs nannte. Sie tauschten Bären- und Rentierfelle, Geweihe und Sklaven gegen Seide, Schmuck, Gold und Silber.

Die einzige Wikinger-Siedlung, die von **Archäologen** in Nordamerika gefunden wurde, befindet sich in ‚L' Anse aux Meadows' auf Neufundland in Kanada.

Auf nach Grönland

Eriks Reise über den Atlantik war gefahrvoll. Riesige Eisberge tauchten mitten aus dem kalten Nebel, scheinbar aus dem Nichts auf. Wilde Stürme peitschten die Wellen auf, sodass sie den Schiffsmast überragten. Aber nach einigen Tagen sichtete Erik eine steinige Küste, die ihn an die langen schmalen Buchten von Norwegen, die Fjorde, erinnerten.

So kam es, dass Erik im Jahre 982 fruchtbares Land entdeckte. Während des Winters schlug er sein Lager in einem Fjord auf, den man später Eriksfjord nannte.

Er verbrachte die drei Jahre seines Exils, indem er die Küste von Grönland erkundete. Die Jagd und der Fischfang waren ertragreich. Erik kehrte nach Island zurück und erzählte jedem von seiner neuentdeckten Insel. Obwohl das Land mit Eis bedeckt war, nannte es Erik Grünland. So wollte er die Leute dazu bewegen, ihn auf einer neuen Reise zu begleiten.

25 Schiffe voller Menschen mit ihrem ganzen Besitz folgten Erik nach Grönland. Wegen eines Sturms kamen nur 14 Schiffe sicher dort an.

Die Eingewöhnungsphase

Als Erik der Rote 986 nach Grönland zurückkehrte, gab es viel für ihn zu tun. Eine neue Siedlung aus Treibholz und Steinen aufzubauen – und das einzig und allein mit dem Werkzeug, das er mitgebracht hatte, war eine große Herausforderung.

Erik der Rote auf seiner Fahrt nach Grönland.

Das Leben in Grönland

Wie die meisten Wikinger war Erik der Rote auch Bauer. Er lebte in einem Langhaus, das aus unbearbeitetem Holz, Stein und Grassoden gebaut war. Es hatte ein langgezogenes Zimmer, in dem seine Familie arbeitete, aß und schlief. Seine Frau benutzte einen Steinherd zum Kochen und der Rauch des Küchenfeuers entwich entweder durch eine Öffnung im Dach oder verteilte sich im Haus. Eriks Frau spann und webte mit Schafswolle.

Erik lebte in einem Langhaus, wie diesem. Es hatte keine Fenster, sodass die Räume immer voller Rauch und dunkel waren, nur vom Schein des Feuers erhellt.

1 Eingangsbereich   4 Milchkamm
2 Halle   5 Wäschekam
3 Wohnzimmer   6 Fischvorrats

Wikinger hatten einen vielfältigen Speiseplan. Sie jagten Hasen, Wildschweine, Hirsche, Bären und Elche. Robben, Fische und Wale haben sie ebenfalls gegessen. Sie hielten Ziegen, Kühe, Schweine und Hühner.

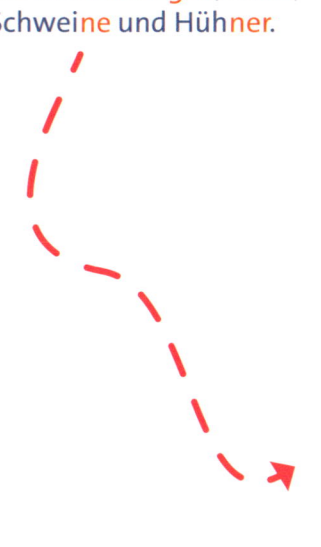

Von der Vergangenheit lernen

Erst vor ein paar Jahren haben Archäologen die Überreste von Eriks Haus in Brattahlid in Grönland entdeckt. Dadurch erhielten sie Aufschluss darüber, wie er und seine Familie gelebt haben.

Der neue Glaube

Mit der Zeit fand der christliche Glaube seinen Weg auch nach Grönland. Zu Eriks Bedauern war es sein Sohn Leif, der einen Mönch von Norwegen mit nach Hause brachte. Erik lehnte die neue Religion ab und behielt seinen Glauben an seine nordischen Götter bei. Jedoch wurde seine Frau Thjodhild Christin, was zu Hause zu Problemen führte.

Diese Kirche wurde um 1300 in Norwegen erbaut, am Ende der Wikinger-Ära.

Erik glaubte an ein Leben nach dem Tod. Ganz wie die **Pharaonen** des alten Ägypten wurden wohlhabende Nordmänner mit all ihren Besitztümern begraben, die sie im **Jenseits** begleiten sollten.

Nachdem christliche **Missionare** die Reiche der Wikinger besucht hatten, begann der Glaube an die Wikingergötter Odin und Thor zu schwinden.

Ein Wandteppich ist ein Stück Stoff mit gewebten oder gestickten Bildern. Dieser Wandteppich zeigt Odin mit einer Axt, Thor mit seinem Hammer und Freya mit Getreide.

Die Engländer nannten Odin „Woden".
Das englische Wort für Mittwoch –
„Wednesday" – kommt von „Wodens day"
– was übersetzt „Wodens Tag" heißt.

Entdeckung und Tod

Vom Wikinger Bjarni Herjulfsson erzählt man sich, dass er der Erste war, der Nordamerika gesehen habe, als er es mit Grönland verwechselte. Jedoch war es Eriks Sohn Leif, der 1001 als Erster dort landete. Er nannte es Weinland, vielleicht, weil dort Reben voller Weintrauben wuchsen. Er kehrte als ein Held zurück. Unglücklicherweise konnte sein Vater das neuentdeckte Land seines Sohnes nicht mehr sehen. 1002 erreichte eine Gruppe von Einwanderern Grönland und schleppte eine **Epidemie** ein. Viele Grönländer, darunter Erik der Rote, starben 1003.

Grönland

Island

Nord-amerika

Nordatlantik

Großbritannien

Eriks Route nach Grönland
Leif Erikssons Route nach Nordamerika

Erik der Rote

Leif Eriksson

Erik lebt weiter

Erik der Rote war bereits in den Fünfzigern, als er starb – ein hohes Alter für einen Wikinger! Gemäß der Wikingermythen wurden tote Helden nach Walhalla gebracht, um dort im Jenseits zu leben.

Den ganzen Tag wird in Walhalla gekämpft. Wer getötet wird, wird wieder zum Leben erweckt, um weiter zu kämpfen.

Gefürchtete Krieger

Erik und seine Gefolgsleute wurden zwar in ganz Europa gefürchtet, doch die brutalsten Wikinger waren die Berserker. Man glaubt, dass sich diese gefürchteten Krieger in Raserei versetzten, indem sie Giftpilze kauten und Alkohol tranken. Auf diese Weise standen sie unter einer Art Hypnose. Sie gaben sich ein erschreckendes Aussehen, indem sie in die Ränder ihrer Schilde bissen und wie Wölfe heulten.

Dieses eiserne Schwert hat einen Griff, der mit Gold dekoriert ist.

In manchen Gebieten war Eisen knapp, sodass Erik Waffen aus allem herstellte, was ringsum zu finden war. Diese Pfeilspitzen aus Eriks Siedlung in Grönland, wurden aus Rentiergeweih gefertigt.

Erik kämpfte mit Pfeil und Bogen, Speeren und Äxten. Seine Lieblingswaffe war das Schwert, das an beiden Rändern geschärft war. Man gab den Schwertern Namen, wie Natter oder Beinbeißer.

Nur wohlhabende Krieger trugen Helme aus Metall. Die übrigen Helme wurden aus Leder hergestellt. Um sich zu schützen, trugen manche Kettenhemden oder Rundschilde.

Dieser Helm stammt aus dem Beginn der Wikinger-Ära und wurde aus Eisen und Bronze gemacht. Er wurde in Vendel in Schweden gefunden.

Die Wikinger in Europa

Im Jahre 911 erlaubte König Karl „der Einfältige" den Wikingern, sich in ‚Rouen' in Frankreich niederzulassen. Bedingung war, dass sie die Küste gegenüber anderen Wikinger-Eindringlingen verteidigten. Dieses Gebiet wurde als Normandie bekannt, was soviel heißt wie „Land der Nordmänner". Bekannt waren diese Menschen auch als die Normannen. Nachfahren dieser Wikinger fielen später in England ein. Ein Vorteil, den die Normannen gegenüber den Engländern hatten, war, dass sie vom Pferderücken aus kämpften. Die meisten Engländer waren Fußsoldaten.

Die Wikinger waren als gute Kämpfer bekannt. Die östliche Hälfte des Römischen Reiches war das Byzantinische Reich. Zusammen mit anderen Fremden wurden die Wikinger als **Söldner** angeheuert, um den Kaiser zu bewachen.

eine Wikinger-Wache

Während einer Schlacht konnte sich ein Kämpfer mit Pferd schneller bewegen und hatte eine erhöhte Position dem Fußsoldat gegenüber.

Die Invasion von England

Eriks Nachfahren könnten leicht unter den Normannen gewesen sein, die im Jahre 1066 in England eingefallen sind. Wilhelm der Normanne, der als Wilhelm der Eroberer bekannt wurde, besiegte in der Schlacht bei ‚Hastings' König Harald II. Harald war in diesem Jahr erst gekrönt worden und seine Armee hatte nur ein paar Tage zuvor eine andere Schlacht geschlagen. Anschließend war die Armee von König Harald II. gezwungen, sich umgehend in Marsch zu setzen, um ihrem Verhängnis in Gestalt von Herzog Wilhelm gegenüberzutreten.

Geschmückt wie ein Wikinger

Die Wikinger waren sehr geschickt darin, feinsten Schmuck herzustellen. Manchmal entliehen sie Entwürfe aus anderen Ländern und entwickelten daraus ihren eigenen Stil.

ein goldenes Wikinger-Halsband aus dem 6. Jahrhundert

Erik und seine Leute mochten besonders leuchtende Muster. Sowohl Männer als auch Frauen trugen Halsketten, Fingerringe, Armbänder und Broschen. Wohlhabende Wikinger trugen Gold- und Silberschmuck. Ärmere Wikinger trugen billigere Bronze und Zinn. Oft belohnten Könige Männer, die in einer Schlacht tapfer gekämpft hatten, mit teuren Geschenken in Form von Schmuck.

Einige Wikinger trugen wunderschöne Broschen.

Selbstgemachter Schmuck

Arme Wikinger machten ihren Schmuck selbst, zum Beispiel Schmucknadeln und -verschlüsse. Sie fertigten Schmuck, wie Anhänger, Fingerringe und Perlen aus farbigem Glas, Bernstein und aus einem schwarzen Halbedelstein, den man Gagat nennt.

Wikingerführer

Die Könige zur Zeit von Erik dem Roten unterstützten die ortsansässigen Herrscher, schützten ihre eigenen Leute, förderten den Handel und waren oft Krieger.

Der älteste Sohn eines Königs war nicht automatisch Nachfolger auf dem Thron, wenn der Vater starb. Er musste unter Beweis stellen, dass er geeignet war, die Aufgaben zu erfüllen.

Zu Beginn des Wikinger-Zeitalters herrschten Stammesführer über kleine Gebiete. Gegen Ende des Wikinger-Zeitalters, um 1050, regierte nur ein machtvoller König Skandinavien.

Der Thron eines Wikingerkönigs war ein hoher Lehnstuhl, eingerahmt von Säulen mit reichen Schnitzereien.

Münzen waren mit den Porträts der herrschenden Könige oder mit einem Zeichen, das den König symbolisierte, geprägt.

König Magnus Barfuß von Norwegen wird der Spruch nachgesagt „Könige werden gekrönt, um Ruhm zu erlangen und nicht, um lange zu leben". Getreu seiner Worte starb er 1103, als er etwa 30 Jahre alt war.

Die Wikingerkönige herrschten über die Königreiche von Norwegen, Dänemark und Schweden. Von 800 bis etwa 1100 breiteten sie sich von dort in alle Richtungen aus.

- Norwegische Wikinger
- Dänische Wikinger
- Schwedische Wikinger

Das Ende der Wikinger

Das Zeitalter der Wikinger endete um 1100. Länder, die die Wikinger früher leicht besiegt hatten, waren nun besser darauf vorbereitet, die Eindringlinge zurückzuschlagen. Die Iren gewannen die Schlacht von ‚Clontarf', die der Bedrohung ihres Landes durch die Wikinger ein Ende setzte. Auch Frankreich war sicher, weil die Normannen die Nordküste verteidigten.

Außerdem überzeugten Christen viele Wikinger davon, ihre Raubzüge zu beenden. Viele Wikinger, die in anderen Ländern siedelten, heirateten Einheimische und verloren ihr typisches Wikinger-Wesen.

Genau wie Erik widerstanden einige Wikinger der Bekehrung zum Christentum. Dieser Glücksbringer kombiniert das christliche Kreuz mit Thors Hammer.

Die dänische Invasion

1069 landete eine dänische Armee in Nordengland. Gleichzeitig rebellierten die Wikinger Nordenglands. Wilhelm I. überzeugte nicht nur die Dänen davon, zu verschwinden – er rächte sich auch an den Rebellen.

Der Teppich von ‚**Bayeux**‘ ist eine Stickarbeit auf einem etwa 70 cm langen Tuchstreifen. Er zeigt Ereignisse, die mit der Schlacht von ‚Hastings‘ am 14. Oktober 1066 enden.

Die bedeutendste Errungenschaft der Wikinger war die Entdeckung Amerikas. Jedoch erkannten sie nicht die Möglichkeiten, die dieses Land bot und beschlossen, dort nicht zu siedeln.

Zeittafel

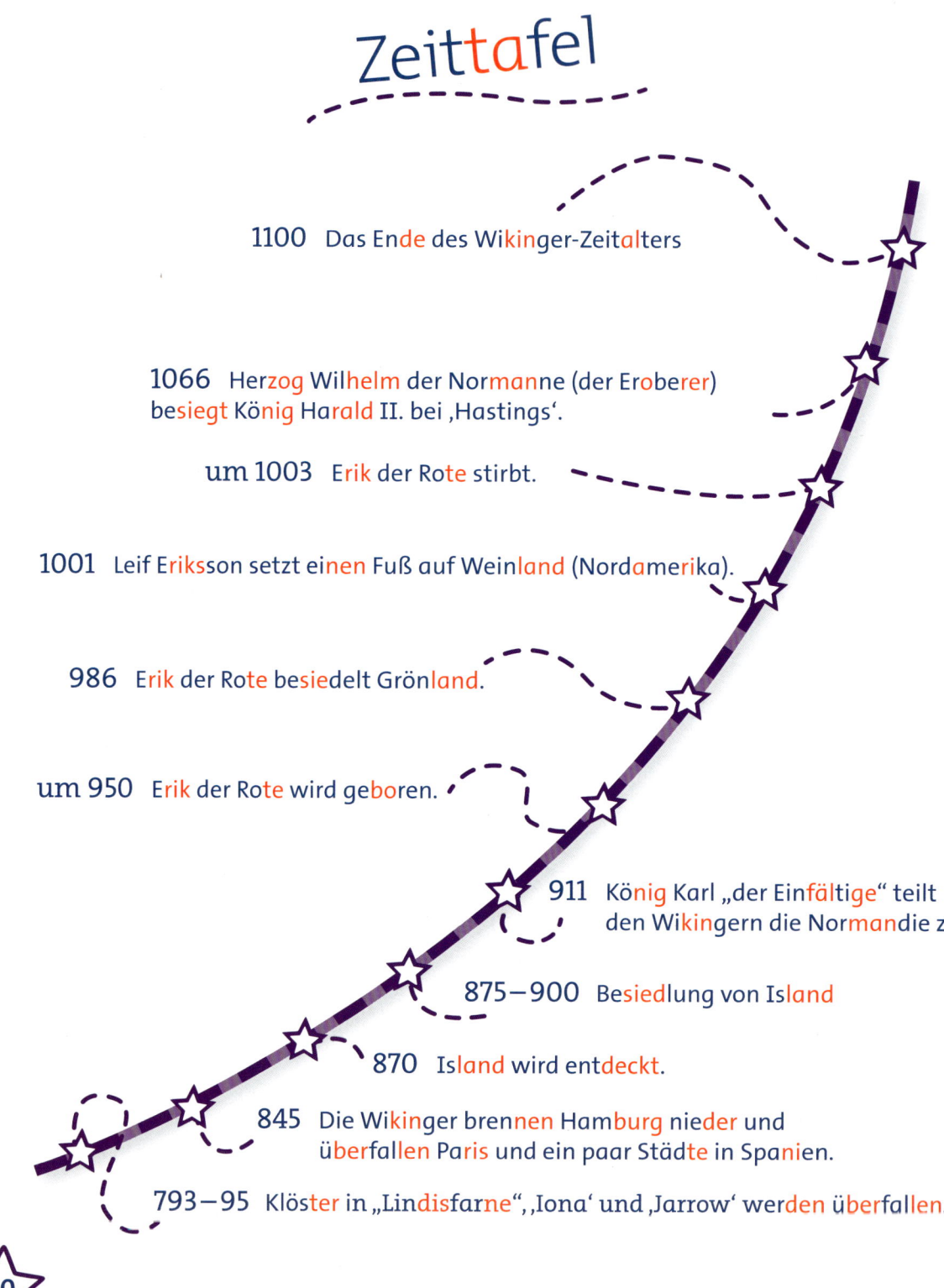

1100 Das Ende des Wikinger-Zeitalters

1066 Herzog Wilhelm der Normanne (der Eroberer)
besiegt König Harald II. bei ‚Hastings‘.

um 1003 Erik der Rote stirbt.

1001 Leif Eriksson setzt einen Fuß auf Weinland (Nordamerika).

986 Erik der Rote besiedelt Grönland.

um 950 Erik der Rote wird geboren.

911 König Karl „der Einfältige" teilt
den Wikingern die Normandie z

875–900 Besiedlung von Island

870 Island wird entdeckt.

845 Die Wikinger brennen Hamburg nieder und
überfallen Paris und ein paar Städte in Spanien.

793–95 Klöster in „Lindisfarne", ‚Iona‘ und ‚Jarrow‘ werden überfallen.

Worterklärungen

Archäologen	Wissenschaftler, die mithilfe von Ausgrabungen alter Stätten und Gegenständen die menschliche Geschichte studieren
‚Bayeux‘	Stadt in Nordfrankreich
Epidemie	weit und sich schnell verbreitende Krankheit in einer Gemeinschaft
Exil	vom Heimatland ausgeschlossen sein
Jenseits	hier: Leben nach dem Tod
Kloster	Ort, an dem Mönche leben und arbeiten
Missionare	Leute, die den christlichen Glauben verbreiten
Mönche	Männer, die zusammen leben und Gott verehren
Pharaonen	Könige
Söldner	professionelle Soldaten, die von einem fremden Land angeheuert werden
tauschen	Waren mit Waren bezahlen

Stichwortverzeichnis